青柳大師住職の厄除法話

一分で読めて
一生忘れない
悟りのおはなし

まえがき

こんにちは！青柳大師住職の眞木興空といいます。

この本を手に取ってくださり、誠にありがとうございます。

本書は、２００５（平成17）年から配信を続けている、私のメルマガ法話をまとめたものです。これまで、お檀家向けの小冊子として発行しておりましたが、この度、上毛新聞社から出版させていただけることになり、とても嬉しいです。

法話集と銘打っていますが、この本の中には、「空とは何ぞや？」とか、「お釈迦様の思想とは？」などといった、難解な教理説明はありません。

お寺に生まれ育って60年を越した、私の心身にしみ込んでいる「仏教」のエッセンスを基に、私自身が、

「このように考えてきたら、苦厄をのがれることができた…」

「このように生きてきたら、人生の道が開けてきた…」

という、実体験をもとにした、〈幸せに生きるためのヒント〉を記しています。

お気の向くまま、サラリと読み通していただければ、幸せです。

どうか本書が、皆さまのお心に添いますように…。

青柳大師　龍蔵寺　第43世　眞　木　興　空

目次

RYUZOUJI YANAGI BUNKO

目覚めの寓話

この寓話のシリーズが、本書の原点です。

短く、すぐに読めるお話の中に、幸せに生きるヒントが、キラリと光るもの。そんなお話が書きたくて始めたメルマガ法話。

開始から15年、800号を数え、その配信を、現在も続けています。

【そこにいる】

その昔、創造と奇跡を司る神と、慈悲と悟りを司る仏は、実際に肉体を持ち、人々と共に暮らしていました。

人々は最初、自分ではどうしようもできない、そんな問題が起きた時にだけ、神や仏に救いを求めていました。

しかし、時が経つにつれてだんだんと、人々は自分で解決するということを忘れて、ちょっとしたこと何でもかんでも、神に求め仏にすがるようになってしまいました。

神と仏はこれではいけないと考えて、ひとまずどこかへ身を隠すことにしました。神と仏はあれこれ相談をした結果、人間に聞かれないように、ひそひそ声でこう言いました。

「よし、うんと小さくなって、人の心の中に隠れよう…」

【特効薬】

様々な修行を重ね、心身を調える法を熟知しているその聖者の元には、教えを求めて、毎日多くの人々が訪れていた。

今日も1人の男が聖者に訴えている。

「まったく、家の女房ときたら、なまけ者でだらしなく、注意をするとふてくされ、私への思いやりは全然ないし、一緒にいるのが嫌になってきます…」

それを聞いた聖者は、眉間に中指を当て、しばし瞑目した後、静かに言った。

「もしかしたら奥さんも同じことを感じてるかもしれませんね」

「いいえ、とんでもない。私は働き者できれい好き。人には優しいし、女房とは正反対ですよ」

「そうですか。それでは、あなたの心によく効く薬をあげましょう…」

聖者はそう言うと、特効薬の作り方を説明した。

「目を閉じて、30秒間口につばを溜めなさい…、そうしたら、それを飲み込みなさい」

男は言われる通りにして、ゴクンとつばを飲み込んだ。

「次は目を開けて、また30秒間つばを溜めなさい」

男は指示に従い、またつばを溜めた。

「そしたら今度は、溜めたつばをこのコップに出して、それをよく見て、さっきと同じように飲みなさい…」

しかし男は、今度はそれを飲むことはできなかった。


聖者は静かに諭した。

「最初のつばも、2度目のつばも、両方とも全く同じ、あなたのつばですよ。どうも人間というのは、自分の内側にある時には、そこにあっても目に見えず何とも感じないが、自分の外側に出たとたんに、それがはっきりと見えて、何とも汚らしく感じるものみたいですね…」

【出入口】

その建物には、正面と側面に、それぞれ扉がついている。

正面の扉は〈出口〉、側面の扉は〈入口〉として使われ、毎日沢山の〝出入《ではい》り〟がある。

そして、不思議に感じるかもしれないが、正面の〈出口〉から外へ出た人は必ず、側面の〈入口〉からまた建物の中へ入って行くのだ。


「バン！」と乱暴に扉が開き、建物の〈出口〉から、眉間にしわを寄せ不愉快そうな顔をした人が出てきた。

その人は不機嫌な表情で周囲をにらみつけながら、荒々しい足音を立てて辺りを歩きまわった。

その場に居合わせた人たちは緊張し、遠巻きにその人を眺めていた。

その人は側面の扉から、またすぐに建物へ入って行ったのだが、建物の内部は、騒がしく不穏な雰囲気に陥った。

次に扉が開くと、中から、ずっとフロにも入らず、洗濯もせず、泥だらけの靴をはいた不潔な人物が現れた。

その場に居合わせた人たちは顔をしかめ、その人を避けようとしたが、本人は全く意に介さず、側面の〈入口〉からまた中へ入り、建物の中を泥だらけの靴で汚した。


続いて出てきたのは、刃物を手にした危険な人物だった。

周囲を指さし刃物を振りかざそうとするその人に、居合わせた人たちは恐怖し、その場から逃げだした。

周りに誰もいなくなると、その人もまた〈入口〉から再び中へ入り、癪にさわって建物の内側を傷つけた。


乱暴で不機嫌な人・きたない人・凶器を持った人は、何度も出入りを繰り返す。

そして出入りを重ねるごとに、建物の内部はますます騒音にあふれ、汚れ、傷ついてゆく。もちろん建物の周囲も…。

さて、お気づきになられたかもしれないが、建物とは〈自分自身〉、正面の出口扉は〈口〉、側面の入口扉は〈耳〉、そして出入りする人とは、あなたが使っている〈言葉〉である。

【主人公】

尊敬するご老僧のお供をして、法要に出かけたときのことです。

ご老僧はどんな人に対しても、丁寧な言葉づかいをなさる方でしたが、その時に伺ったお宅の人たちはみな、ご老僧に対して、とても失礼でぞんざいな口のきき方をするのでした。

お供の私がムカムカし、先方に対し、ついついぶっきらぼうな態度になってしまうのに、ご老僧ときたらそんな相手に対しても、普段と変わらず丁寧に接しているのです。

法要を終えての帰り道、我慢できなくなった私は、

「何故あんな人たちに、丁寧にお話になるのですか？」

と尋ねたところ、ご老僧は、

「それはね、私がどう生きるのかを、あの人たちに決めさせたくはないからですよ」

とお答えになったのでした。

RYUZOUJI YANAGI BUNKO

彼岸へ渡る船

お念仏は、「穢土から浄土へ渡してくれる船」にたとえられることがあります。弥陀の他力で彼岸の浄土へ運んでくれると。

でも、そのためには、「自分の意志と脚で船に乗る」必要があります。

神仏にただ縋り救われることを願うのではなく、自らの意志で彼岸へ渡るための、日々の工夫を記しました。

【地獄へ行く覚悟、ありますか？】

お寺へ法事の申し込みにいらしたお檀家が、語られた事柄。

それは私が住職をしているこの寺の、先々代住職にまつわる思い出話。

今年75歳になるというそのお檀家は、家が貧しく、家計の一助となるべく、小学校４年生（！）の時から、新聞配達の仕事をしたと言います。

現代ではとても考えられないことですが、恐らくは知人が営む新聞店等で、近隣の狭い地域へ補助要員的に新聞を配り、お小遣い程度を貰っていたのでしょう。

早起きは辛く、特に冬が近づくと、手はかじかむし、腹ペコだしで、（なんで自分の家はこうなのだろう？どうして自分だけ、こんな思いをするのだろう？）と、裕福な家の子どもを、いつも羨ましく思ったそうです。

お寺へも、新聞を配達していたのですが、先々代住職（教区並びに一宗の要職を歴任した大僧正で、多くの弟子を養成し、犯罪更生にも尽力した高僧でした）は、寒くなると毎朝、境内入口の門のそばで、小さなドラム缶に火を焚いて、待っていてくれたそうです。

そして、

「（火に）あたっていけ、あたっていけ」

と言いながら、〝小学生の自分に、色々な話をしてくれたのだ〟と、そのお檀家は話すのです。

ある日の事、小学校6年生になっていたその人は、先々代の住職に言ったそうです。

「お坊さんはいいなぁ。お金には困らないし、死んだら天国（子どもの認識における仏の国。豊かで幸せな場所、という意）に行けるんだから…」

すると住職は、小学生のその人に対し、

「そうではないんだよ。

坊さんっていうのは、天国に行ってはいけないんだ。

そうではなくって、お坊さんは、死んだら地獄へ行かなければいけないんだ」

と応えたとのこと。

（エッ！？）

頭に疑問符を浮かべる小学生に対し、住職は続けて、次のように諭したそうです。

「死んだら自分だけ天国に行ったりせず、地獄へ行って、そこで苦しんでいる人たちの事を、（どうかお助けください、お救いください！）と、仏さまに一生懸命お願いするのが、お坊さんの役目なんだよ」

と…。

それを聞いたお檀家は、子ども心に、

（お坊さんって凄いんだな。お坊さんって大変なんだな…）

と思ったそうで、恐らくそれは、先々代住職の言葉が、口先だけの偽りではなく、本心から発せられた信念として、その人の胸に響いたからだと思います。

そうしてさらに、

「幸せになりたいと思ったら、追いかけたらダメだぞ。
幸せは追いかけると、ドンドン逃げて捕まらないぞ。
いいか、幸せは、願うんじゃなく、見つけるんだぞ！
その気持ちで生きれば、必ず幸せになれるから！」

と、小学生の身で新聞配達をするその人を、真剣な眼差しで励ましたそうです。

爾来60年、先々代住職の遷化からも、既に30年が経っているのですが、その人は、住職から諭された言葉を、ずっと忘れずに心に持ち続け、今日に至っているとのこと。

「おかげさまで、けっして金持ちではないけど、今、家内と幸せに暮らしている。自分が幸せになれたのは、住職さんのおかげだ…」

往時を回想し語るお檀家の脳裏には、大僧正の面影がまざまざと浮かんでいる様子で、その眼には、ウッスラと涙が滲んでいるのでありました。

私が僧侶として働き始めたのは、先々代住職が亡くなられてからのことなので、生前、直接に薫陶を受けることはありませんでした。

なので、話を聞き、まず思ったのは、

（一時代前のお坊さん、特に大僧正になるような人は、やっぱり偉かったのだなぁ…）

という感慨です。

そして、わが身を振り返り、つらつらと考えました。

〈死んでから地獄に行く覚悟かぁ…。
今までの自分にはなかったよなぁ。
お浄土に行くことしか考えてなかったしなぁ。
先々代さんは今、何処でどうしていらっしゃるだろう？
この寺の様子や、今の時代の我々坊さんを、どんな思いで見つめていることだろう？〉
等々と。

さて、

「自分は死んだら地獄へ行き、そこで苦しんでいる人の力になるのだ」

という気概、皆さんはお持ちになれるでしょうか？

もしも、

「私は死んだら地獄へ行くぞ！」

という、前向き（？）な覚悟を持って日々を生きることができたなら、〈仕事への向き合い方〉、〈人との接し方〉が、変わってくる気がいたします。

結果、出会う人を、勇気づけたり、微笑ませたり…という人生が現われ、この世を離れた後もなお、発した言動や成した仕事を懐かしむ人たちに対し、良き影響を与え続けるのでありましょう（先々代大僧正がそうであったように）。

そして、逆説的ではありますが、「死後の地獄行き」を念じながら生涯を尽くしたような人が、結果として、安らかな極楽往生を果たし、やがて仏と成り、地獄に手を差し伸べたりするのかもしれません。

よぉし、私も死んだら地獄へ行くぞ！

【思い出を杖として歩む】

お遍路巡礼をする人にとって、〈金剛杖〉はなくてはならぬものです。

杖には、

「南無大師遍照金剛　同行二人」

と墨書されており、杖を握り、杖をつき、歩む、その一歩、一歩に、弘法大師さまが寄り添われ、杖となられ、共に歩いて下さることです（私は天台宗に属する僧侶ですが、他宗開祖さま方も等しく尊敬いたしております。ご理解ください）。

弘法大師さまは、千年以上前に寂を示されたのですから、当然ながら今日現在、その生きたお体は、お遍路道の何処にもいらっしゃいません。

でも、杖を持つ人々において、その生命の実在、ご加護の実感は、絶対的な現実です。

お遍路さん一人ひとりにおいて、お大師さまは間違いなく、

「今、生きて、そこにいらっしゃり、私に力を与えてくださる」

のです。

では、それは、弘法大師さまが、超人的な能力を持った、天才的な宗教者であられたからこその、異例・特例的な事象なのでしょうか？

また、弘法大師ご自身は、

「私は特別な人間だから、他の人と違って、皆の持つ杖に、〝いのち〟を宿すことができるのだ」

と、お説きになられることでしょうか？

私は、いずれも、否であろう、と考えます。

人は誰しも、ある人物にとっての、〈お大師様〉になることができる…。

そう信じます。

お大師さまは恐らく、

「あなたもまた、誰かの〈金剛杖〉となり、人を支えることができる」

と、お説きになる。

そう思うのです。

ここに、「思い出」という杖があります。

今生で出会い、共に人生を過ごした、両親、伴侶、子孫、祖父母たちが残してくれた、かけがえのない、「思い出」という金剛の杖。

人生遍路の道行《みちゆき》に草臥《くたび》れてしまった時、その杖はきっと、私たちの力となってくれることであります。

金剛杖を手にして進むお遍路道と、

金剛杖を持たず行くお遍路道と…。

同じ道程、同じ距離でも、金剛杖を頼りに進む時、眼に映る景色、悪路での踏ん張り、歩き甲斐、踏破後の感慨など、それら一つひとつは別物となり、体験の深みも、別次元となる筈です。

南無大師遍照金剛…。

思い出を杖として拝み、捧げ持ちましょう。

同行二人…。

思い出という杖を握り、歩を進めましょう。

金剛杖を求める者に、お大師さまは、どのような眼差しを、注がれるのでしょう？

共に歩む、自身の存在が、巡礼者の力となり、遍路満行の支えとなることを、どうお感じになるのでしょうか？

【下り坂の罠　―厄年をお迎えの方に―】

私は今年（２０１７）「厄年」で、九星気学でも運気低迷の年。

加えて暗剣殺にも当たっておりますので、新年のスタートに当たり、厄除け祈願を受け、自坊でも方位除けお札を作りました。

「厄年」というものが、果たして本当にあるのか、ないのか…？

それは各人の考え方次第で、

「厄年なんて関係ない。私にとっては毎年が大吉で、行く先々が恵方だから…」

という生き方も「絶対にあり」でしょうし、そうした覚悟は、誠に立派な態度だと思います。

一方で、全ての武道・格闘技に、「構えの型」があることを思います。

その「身構え」を取ることによって、相手の攻撃に備え、それを迎え撃ち、受けるダメージを軽減させることができるわけです。

同様に、自分なりの「心の構え」を持って暮らすことと、無防備・ノーガードで暮らすのとでは、様々に出現する出来事への対応、そして、それから先の人生の展開が、やはり違ってくる気がするのです。

そんなわけで今回は、

「厄年と上手に付き合う心の構え」

について、私見を述べさせていただきます。

私は体感的に、

「厄年（運気低迷の時節）は、やっぱり存在するよなぁ…」

と考えているのですが、そこで注意しなければいけないのは、「厄年の衰運」というものは、ある日突然、人生に落とし穴が出現したり、急転直下、崖下に転落したり…等といった、激変の凶事が身を襲うわけではない、ということです。

それなので、必要以上に「厄年」を恐れる必要はないのですが、しかしながらそれは、衰運であることに間違いはなく、各人の人生が「下り坂に差し掛かっている時」ではあるのです。

で、ここで頭を切り替えなければいけないのが、「下り坂というものの持つ性質」であります。

「下り坂」を歩く時、そこを歩くのは、「上り坂」を歩く時よりも、楽な感じがするのですが、何も考えずそこを歩き続けていると、やがていつか、「以前よりも低い場所にいる自分」に気づいたりするわけです。

ずっと昔、比叡山で回峰行の真似事をさせていただいた時、指導して下さった行者さんから、度々注意されたのは、

「下り坂を歩く時に神経を使い、足を労《いた》われ」

ということでした。

即ちそれは、楽だからと調子に乗って下っている時に、人はケガをしやすいのだぞ、という戒めであり、同時に、足を痛めるのは、山を上っている時よりも、下っている時の方が圧倒的に多いのだ、という教えでした。

更に付け加えれば、ヨイショ、ヨイショと上り坂を歩いている時は、体感的には大変だけれども、その分、筋力・体力は付きやすい。

一方、下り坂をサーっと降りている時というのは、体感的には気楽だけれども、筋力・体力は付きにくい。

これらの事柄が「下り坂の罠」で、それら諸相は、我々の人生にもピタリ当てはまるの

ではないでしょうか。

それなので、厄年を迎えた時に、まず持たなければいけない「心の構え」は、

「自分は今、下り坂に差し掛かっているのだぞ…」

という意識だと思うのです。

私の解釈では、厄年の大きな特徴は、「不遇感」だと思います。

すなわち、報われない感じ、です。

別の言い方をすると、「成果が見えにくい年」、「評価が伝わって来にくい年」、「果報が現れるまでの時間がかかる年」。

それらが「厄年」であります。

たとえば…

・仕事も役職もキチンとこなしているのだが、それが成績・功績に結びつかない。

・自分では、(よくやった!)(うまくできた!)と感じているわりに、周囲から受ける評価はそれ程でもない。

・人の力になり、親切や思いやりを尽くしたのだが、先方が示す感謝は、思ったよりも

少ない。

等といった現象です。

その時、双方に落ち度や悪意はなく、こちらも職責を全うし、そして、周囲も相応の反応を示してはいるのです。

けれども、歯車がかみ合わないというか、互いの表現形態や対応速度にズレがあったりして、また、そうした出来事が度重なる中で、ついつい、

「私は報われていない…」「私は認められていない…」

という目で、周囲を見てしまうのが、厄年の時期の特徴と感じています。

そしてこの時に、多くの人がやりがちな対応が…

・周囲に対して、あるいは、仏神や天に対して、愚痴をこぼす。

・不平・不満を口にする。

・悪口を言う。

等の言動を示してしまうこと。

加えて、報われていない（と感じている）分を、無理やり何処からか、手に入れようとしてしまうこと。

さらに怖いのが、「一生懸命やっても、どうせ報われないのだから…」と、仕事の手を抜く癖がついたり、不誠実・不親切な人間に、成り下がってしまったりすることです。

これがまた「下り坂の罠」で、「報われない時」というのは、実は、「天に貯金している時」なのですが、今記したような態度を取り続けてしまうと、せっかく貯蓄してきた諸々は、相殺《そうさい》され、帳消しとなり、場合によっては人生の辻褄《つじつま》が、マイナス勘定となってしまうのです。

もうひとつ、厄年の具体相として、

「自分をイライラさせる出来事・カッとさせる現象」

が起こりやすい、ということを挙げておきます。

それは即ち、「傲慢、驕り高ぶる気」が出やすい年回り、とも言えましょうが、それもやはり罠で、こうした時に、いわゆる「キレる」対応を取ってしまうと、人生に大きな傷跡を残すことになるのです。

以上、「厄年の具体相」について見てまいりましたが、冷静に見ればそれらは、「現象そのもの」が凶事なのではなく、「現象に対する自らの態度」が、厄災を生んでいるのが分かります。

過去を振り返る時、実力以上の評価を受けたり、身に余る厚遇を頂戴したり、トントン拍子に物事が成就したり…という年回りも、お有りになったことでしょう。

だとすれば、それとは逆の、「隠忍自重の年回り」も、あって然るべきだと考えます。

そして上述したとおり、それは、天に貯金をしている時。

厄年という年回りの特徴を知り、罠に陥らぬよう自覚を持ち、例年以上に、「慎重・丁寧・誠実・感謝」の態度で過ごしましょう。

そうすれば必ず、厄年は「薬年・躍年・益年」となり、近い将来、天の利子を伴って、我々の元に返ってくることであります。

【喉仏・舌仏・口仏】

「人間の身体の中で1番大事な場所は何処か…？」

そう尋ねられたなら、あなたは何とお答えになるでしょう。

心臓、或いは、脳、というお答えが大方で、その他、肝腎要《かんじんかなめ》の肝臓や腎臓、腰、等とお答えになる方も、中にはいらっしゃるかもしれません。


では質問を変えて、生活上ほぼ支障なく身体が機能している（＝健康上大きな問題なく、日常生活を送っている）、という条件のもと、

「人間の身体の中で〈仏〉として崇《あが》めるべき場所は何処か？」

と尋ねられたなら、あなたは何とお答えになるでしょうか…。

「喉仏《のどぼとけ》」という言葉は、大人であれば、誰もが知っている名称です。

それはもと、〈その場所の骨の形状〉から付された名称ではありますが、象徴的で、示唆に富む名称だ、と感じるのです。

なぜなら、

「〈仏〉という無形の存在が、我々の喉に住んでいる」という認識が、そこから導かれるからです。

脳仏、心仏、肝仏、腰仏…といった名称はなく、身体器官の中、「喉仏」以外に、〈仏〉を冠して呼ぶ他の箇所を知らぬ私です。

言葉は必ず、喉を通り、舌で形作られ、口から発せられます。

この3つの関門を通らなければ、〝思い〟は意味ある音声となって、対象物に届くことはないのです。

しかしながら、発声・発言という行いは、幼少時から成人に至るまでの積み重ねを経て、ほぼ自動的に、無意識、無自覚になされることが多いのではないでしょうか。

もし我々が、発言に至る3つの関門〈喉と、舌と、口と〉に、それぞれ「仏が住んでいる」と意識して言葉を発するなら、その内容と、対象物に届く波動は、どのように変わるでしょう?

「どこそこへ行こう」

と口に出すと、人はそこへ行きます。

「何々をしよう」

と発言して、人はその行為をなします。

感謝、称賛、尊重の言葉は、人を浄土に運び、

侮蔑、罵倒、人を腐《くさ》す言葉は、人を穢土へと運びます。

人という船体は、口という舳先《へさき》に導かれ、今いる場所におり、そして、次の渡航先へと進路をとるのです。

天台宗の僧侶は、読経に入る前、口中に蓮の池を観想し、己《おのれ》の舌を、仏・菩薩の座す赤色蓮華とイメージする作法を経て、お経を唱えます。

京都・六波羅蜜寺の空也上人《くうやしょうにん》の尊像は、口から発せられた音声が、幾体もの小さな仏さまとなって現れています。

「人間の身体の中で1番大事な場所は口である…」

「私の、喉と、舌と、口には、仏さまが住んでいる…」

そう思って生きた時、自分の口から発せられる言葉がどのように変化するか、しばし実験していただくことを願う次第です。

【咲き分けの力】

曹洞宗を開いた道元禅師は梅の花を愛されたそうで、曹洞宗でお唱えになる御詠歌にも、梅花流というお名前が付されています。

他宗お祖師様ではありますが、雪深き北陸の地で、弟子たちと共に厳しいご修行に打ち込まれる中、冬の寒さを凌ぎ綻《ほころ》んだ一輪の梅花が、道元禅師の目にはどのように映っていたのだろう？と、思いを馳せるのであります。

さて…

自坊の中庭にある梅も、花開きはじめました。

その梅の木は、大雪の重みで朽ちてしまった先代の老木に変わり、出入りの植木屋さんが、昨年見つけてきてくれた若々しい一樹。

それなので、開花したのを見て、

（あぁ、そう言えばそうだった…）

と思い出したのですが、その木は、1本の木に、白とピンクの両方の花が咲く、「紅白咲き分けの梅」なのでした。

草木の風趣わからぬ、全く無粋者の私ですが、
「1本の木に、違う色の花が、同時に咲いている」
という姿が、誠に不思議で、かつ興味深く、中庭が見える廊下を通るたび、足を止めて、綻び始めた「咲き分けの梅」を眺めるのです。

で、人として、「生命《いのち》の花を咲かせること」は、誰しもが願うことでありましょうが、〈魅力〉ということを考えた時に、
「その人が、咲き分けの花を持つか否か」
は、結構重要な分かれ目なのではなかろうか、と、中庭の梅を見つめながら思ったわけです。

いや、勿論それは贅沢な望みであって、その人らしい一色《ひといろ》の花を咲かせることができたならば、それはもうそれで充分なのです。

けれども、それを分かった上で、あえてこう申し上げてしまうのは、先程お伝えしたとおり、私が「咲き分けの梅」の前を通るたび、つい足を止め、それを見つめてしまうから

であり、そして、

（自分もこうなれたらいいなぁ…）

と、単純に願ってしまったから、なのであります。


たとえば、「面白くて、為になる」というお話があります。

「面白い話」にも、「為になる話」にも、それぞれに意義がありましょう。

しかしながら、「面白いだけ」でなく、「ただ為になる」のではなく、白とピンクの花が、1本の木に、同時に咲いているように、「面白さと有益性」が、1ヵ所に存在していたならば、より多くの人が、そこに引き付けられるのではないでしょうか。

同様に、「優しくって、頼りがいのある人」や、「綺麗で、愛嬌のある人」なども魅力的ですよね。

それはやっぱり〈希少性〉ということでしょうか。

優しいだけの人、単に綺麗な人、というのは沢山いても、二色《ふたいろ》の花が、生命の木に同時に咲いている人、というのは、そんなには多くない。

だからこれから先は、

「今の自分のカラーに、何かもう一色をプラスするならば…？」

ということを、意識して生きてみようと思うのですが、皆さんはいかがでしょうか？

最後に、

「咲き分けの梅は、ポンと自然にできたのか？」

ということを考えます。

私は、そうではなかろう、と思うのです。

それを生み出すまでにはきっと、様々な工夫や苦心、多くの試行錯誤があって、それらを経てようやく、咲き分けの梅は生まれたのだろうと、考えます。

だから自分だってこれから先、色々に悩み、迷い、試行錯誤しながら、自らの中に「咲き分けの力」を作ってゆこうと思うのです。

【「その日の答え」を受け取る】

私は仏教情報センターという団体でテレホン相談に従事しているのですが、テレホン相談を受けていて、最近、気づいたことを記します。

以下が、その気づきです。

《人(もちろん私も含めて)は、長く抱えている悩みに対して、その問題をスパッと解消し、しかもその解決策が、永続的に効力を発揮する、魔法のような答えが、何処かにある、いつか見つかる、と追い求めてしまうけれど、そのようなものは「実はないのだ」と、見切ることができた時、道が開けるのではないか…》

ちょっとした発想の転換や、新たな視点を導入することによって、一気に解消する問題は、いっぱいあると思います。

それはその問題が、それほど根深くはなかった、ということでしょう。

一方で、長い間、答えを探し続けながらも、その解決策を見つけられず、延々と悩みもがく、という事柄があります。

本を読み、経典にあたり、座禅や写経をし、時には、どこかの教団の門をくぐり、その他にも、セラピーを受けたり、お遍路を巡ったり、そして、テレホン相談に活路を見いだそうとしたり…。

様々な手段を用いて、自分が抱えている問題の解消を目指すのですが、いずれもが功を奏さず、問題を抱え続ける、ということがあると思うのですが、それというのは、

「解法に対する期待値が高すぎるせいではないか」

と、最近思ったのです。

たとえば、解決への、ちょっとしたヒントや糸口が見つかったとしても、解法への期待値が高すぎると、

(これは私が求めているものとは違う)

(長いこと悩んできた問題への答えが、こんなものであるはずがない)

(この方法を採用しても、悩みが根本的になくなるわけではない)

等と、その〝手がかり〟を見くびり、切り捨ててしまいうことによって、悩みは一層力を増し、次第にその人の心に固着してしまう、という状況が、あるように思うのです。

〝悩み〟や〝問題〟に、人格のようなものがあると仮定した時、それらが何より嫌うのは、「変化」です。

何故なら、人が、「昨日までと同じことをして生きる」限り、〝悩み〟や〝問題〟もまた、昨日までと同じように、ずっと存続することができるから。

相談電話を受けている時間の中で、「こうすれば一件落着」という答えを、容易に見いだせることは、ほとんどありません。

そもそも、そのようにすぐ解決可能な事柄であれば、テレホン相談に活路を見いだそうなどとは、思わないことでしょう。

しかしながら、「手がかり皆無」「打つ手まったくなし！」という相談もまた、ほぼ存在しないのです。

その方が抱えている問題を、きれいさっぱり解消する答えを、お示しすることはできないけれど、「今日はこうしてみたら…？」「今はこんな風に考えてみたら…？」という、何かしらの「その日の答え」であれば、対話をする中で、必ず提案することが可能です。

でも人は、それではイヤなのですね。

「一気に問題が解決する答え」が得られないと満足できず、「その日の答え」は却下され、採用されることは少ないのです。

徳川家康は、「人の一生は、重荷を負うて遠き道をゆくがごとし」との言葉を残しましたが、100の重荷を一気に0にすることは叶わなくとも、それを99にする「その日の答え」は常にあると考えます。

「その日の答え」を意識して、それを受け取る意志を持った時、人生は好転を始めるのだ、と気づいた次第です。

老師との対話

「ここに書かれている老師は、どこのお寺にいらっしゃるのですか？」

そうお尋ねになる方がおられますが、残念ながら老師は、実在の人物ではありません。

私が人生において、お会いした賢者の皆さん方（僧侶以外の方も多くいらっしゃいます）から教えていただいたことを、老師の言葉をお借りして記したもので、そういう意味では、老師は私の心の中にお住まいになっておられる、と言えるかもしれません。

【放てば手に充てり】

僕は週に1度、老師について禅を学んでいる。座禅が終った後はいつも、疑問に感じていることを、老師に質問するのが習慣だ。

「老師、執着を手放せば、もっと自由に、もっと豊かな人生が送れると言いますが、私には手に入れたもの全てが大事で、とても手放すことなんてできません」

「ほぉ、お前が手放せない大事なものとは、どんなものじゃ？」

「恋人、キャリア、周囲の評価、えーと、それから鍛えた体も…」

「成るほど、今のお前はこうじゃな…」

老師はそう言うと、テーブルにあった果物カゴからミカンを2つ取ると、両手に1つずつ持ち、しっかりと握った。

「こうして握り締めてると、持ってるミカンの他には、何も手にすることができないぞ」

続いて老師は、握ったミカンをそっとカゴに戻しながら、

「いいかな、執着を手放すというのは、手に入れたものを、ポイと捨ててしまうことではないんだ」

そう言うと老師は、果物かごにあるミカンを使って、おもむろにお手玉を始めた。宙に放っては受け止め、また、放ってはつかみ、

見事な手つきで2個、3個、4個…と、その数を増やしていった。

老師はニコリと微笑むと一言、「ほら放てば手に充てり…」

【アンダーライン】

朝起きてから夜寝るまで、相対する人や出来事に対して、できる限り誠実に向き合うよう努め、毎日を生きてきた。

けれども最近とても疲れる。

気がつくと、必要以上にばか丁寧な言葉づかいをしていたり、電話応対のトーンがやたらと甲高くなっていたりして、「何やってるんだ俺は…?」と情けなくなったりする。

他人の言動にも過敏に反応し、相手が発した言葉の一々を深刻に受け止め、相手の不快な言葉を抱え込み、心の中で反芻してしまう。

〈周囲にどう見られるか〉と常に意識しているせいか、ずっと気が張り詰めていて、1人になると、ひんぱんに大きなため息をついている。

いつも作り笑いを浮かべているような、そんな自分の生き方がほとほと嫌になり、久しぶりに老師に会いに出かけ、心のわだかまりを吐き出し悩みを打ち明けた。

老師は、重すぎず軽すぎず、厳しすぎず優しすぎない、絶妙な間合いで私の言葉を受け止めてくれ、いつものことなのだが、ただそれだけで私の心は解きほぐされていくのだった。

それから私は、〈これから先の生き方〉について、老師に助言を求めた。

すると老師は、書棚から1冊の本を引き抜いて、私に手渡した。

本を開くと、それは年季の入った〈禅問答の注釈書〉で、ページの至る所、ほとんど全部といってもいい行に、朱線が付されていた。

老師は笑いながら、こんな話をしてくれた。

「その本は私が若い頃、仏道を学ぶために、真剣になって読んだ参考書なんだ。

当時の私には、その本の1行1行、一字一句に真理が記されているように思えて、読みながら色々な場所に赤鉛筆で傍線を引いていったんだ。

ところが、後から読み返してみると、あんまり沢山の傍線を引いてしまったものだから、どこが本当に重要な部分なのか、分からなくなってしまったんだよ…」

「君の生き方も、人生という教科書のすべての行にアンダーラインを引こうとして、自分にとってどこが本当に大切なのか、分からなくなってしまっているんじゃないだろうか？

教科書は一字一句まで、全てを研究し尽くそうとしなくても絶対に大丈夫だから、時々〝ここは傍線必要か？〟と、自問してみたらどうだろう。

もし自分にとって不要な部分なら、注視や暗記などせず読み飛ばすことが、人生から多くを学ぶ秘訣かもしれないよ…」

【堂々めぐり】

「あのお坊さんは、人の話をよく聴いてくれる…」

そう評判の老師の元には、話をしに訪れる人が後を断ちません。

みんなが老師と話すことは、とりとめないおしゃべりでしたが、話をすることで〝心のつかえ〟がとれるのでしょうか、話を終えてお寺の門を出る人の顔は必ず、来た時よりも、少しだけ穏やかになっているのでした。


老師には1人の弟子がありました。その弟子は、老師とみんなのおしゃべりを、毎日、聞くとはなしに聞いているのですが、ある日のこと、弟子は不満げに老師に尋ねました。

「老師、お寺に来て老師に話をする人は、何度も何度も同じような話を繰り返して、全然進歩がないように感じます。

老師はいつも、〝ウンウン、そうなのか…〟って、うなずいてますけれど、そういう繰り返しって、本当に意味があるんですか？」

老師は、率直な質問を投げかける弟子の素直さを嬉しく思い、優しく諭しました。

「仏教の修行に、本堂の中をグルリとめぐりながら、お経を唱える修行があるのを知ってるだろ？

あの修行をするのに、お堂を一回りだけして終りにした人と、何度も、何十回も、繰り返しお堂を回ってお経を唱えた人と、どちらが修行が深まると思う？

そして、一巡目に唱えるお経と、十巡目に唱えるお経は、同じ文言を唱えても、違うお経になるのではないだろうか？」

その言葉を聞いた弟子は気付きました。

〝堂々めぐりは、らせん階段なのだ〟ということに…。

そして、自分も老師と同じように、「目の前の人の話を、いつも新鮮に受け止められるお坊さんになろう！」と、決心したのでした。

一文字法話

毎年、暮れになると、京都・清水寺にて発表される「今年の漢字」。

それに倣い、（漢字一文字を、新たな視点から解釈してみたら?）と始めたのが、《一文字法話》のシリーズです。

【繕《つくろう》】

大切に使っているつもりでも、長い年月身につけていると、衣《ころも》も傷んでまいります。

衣の〝ほつれ〟や〝ほころび〟に気づくたび、家内に修繕をしてもらうのですが、黒い法衣には黒の糸、茶色い袈裟には茶色の糸、紫の袴には紫の糸…と、それぞれの布地と「同じ色目の糸」を使って、繕《つくろ》いをしてくれます。

修繕は、傷みの小さいうち、早めに手当てするのが良く、そうやって〝繕い〟を重ねながら、衣は次の世代へと引き継がれてゆくのです…。


生きていると、心がほころび、破れそうになることがあります。

「しっかりしなきゃ…」

「もっと強くならなければ…」

そう自分を励ますのですが、出来事や人の言動によって〝心が傷んだ〟という事実は、〝なかったこと〟にして消し去ることはできません。

また、悲しみや苦悩をひとたびは乗り越えて、一歩、また一歩と、心をケアしながら生きているつもりでも、年月の積み重ねの中で、ふたたび心にほつれが生じてしまうことは、避けることのできない自然の現象だと思うのです。

だから、〝心の傷み・ほころび〟を感じた時には、それを無視しようとしたり、起きてはならないことだ、と否定したりするのではなく、その事実を認め、そうなった心を修繕する方向に、意識を向けることが必要だと考えます。

心はどのようにして修繕すればよいのでしょう？

法衣のほころびを直す時には、「布地と同じ色の糸で繕う」のでした。

心のほころびも同様に、「自分と同じカラーを持つ人の、心の糸で繕ってもらう」ことはできないでしょうか…？

心を許し信頼できる人、自分と同じ体験をしている人、同じ方向にまなざしを向けて歩んでいる人…そうした誰かに、積もる思いを打ち明け、互いに語り合い、聞き合うことで、破れそうな心が修復するのを、多くの方が体験していることと存じます。

「繕《つくろ》う」という字は、「善き糸」と書きます。

心を修繕してくれる〝善なるご縁の糸〟…。

それは、今お伝えしたような「尊重しあえる誰かの存在」が、まず第一番でありましょうが、それだけにとどまらず、荘厳な自然の美、仏の姿や教え、妙なる伎芸、心を打つ映画や書物…そういった糸によっても、心は繕われ、再生してまいります。


あなたの心は今、ほつれ、傷んではいませんか？

優しい〝繕い〟を、求めてはいませんか？

〝衣のほつれ〟に気がついていると、自然と、普段よりも丁寧な所作をするようになるのですが、同様に、〝破れそうな自らの心〟を知っている人ほど、周囲に対して優しくなれる気がいたします。


どうか、あなたのお心が修繕されますように。

そして同時に、あなたご自身が、誰かの心を繕う「善き糸」であられますように…。

【迷《まよう》】

一日一生。

「一日は一生の縮図」、という考え方ですね。

各人が有する〈人間力〉（＝職能＋人徳の総合力）とは、その人が過去の日日《にちにち》、「何に時間を割《さ》いてきたか」の結果。

そして今後〈どういう人になるか？〉は、今の日日《にちにち》、「何に時間を使っているか」を見れば、ある程度の予想が可能であります。

1日24時間を、何に充ててきたか、何に充てているか、という事柄…。

たとえば…

甲子園出場を叶えた球児たちは、1日のうち、どのくらい野球の練習をしてきたことでしょう。

弁護士になった方は、1日に何時間、六法全書と向き合ったことでしょう。

羽生結弦選手は、どれだけスケートリンクに立ち、藤井聡太さんは、どれだけ将棋盤の前に座ってきたことでしょう。

そして、迷いを離れた修行僧は、1日のうち、何時間を座禅に充ててきたことでしょう。

「人は、割《さ》いた時間通りの人になり、割いた時間は、そのままその人の人生となる…」

そう考える次第です。


学ぶことに時間を割く人は賢くなり、技術を磨くことに時間を割く人は巧みになる。

意地悪や悪口に時間を割く人は貧相になり、思いやりや親切に時間を割く人は福相になる。

食べることに時間を割く人は脂肪が増え、筋トレに時間を割く人は筋肉が増える。

そういうことですよね。

そして自問するのです。

（私は1日の中、どれだけ「迷うこと」に、時間を使っているだろうか？）と…。

で、自答すると、
何を着ていこうか？　どの道を使おうか？　どんな法話をしようか？　何て返事をしようか？　何を食べようか？　どの本を読もうか？　誰のCDを聞こうか？　等々、結構な回数と時間、迷っているのでした。

上に、「迷いを離れた修行僧」という例示をしましたが、確かに本山での修行期間、1日のうちで「迷う時間」は、今よりずっと少なかったです。

着るものは、法衣か作務衣の2種類だけ。

食事は、当てがわれたものを頂くのみ。

日課も、定められた一々を、規則・次第に従って行うしかなく、

（どうしよう？どれにしよう？どっちにしよう？）

といった〈迷い〉が、生活に入るこむ隙は、ほとんどないのでした。

「迷」という字は、「米＋しんにょう」でできています。

〝米〟は八十八と書きますので、数の多さを示し、〝しんにょう〟は〈道・方途・歩み方〉を意味します。

ですからこの文字は、「人が迷うこと」の根本原因は、「メニューが多すぎることにある」と、端的に教えてくれています。

選択の自由を極端に制限された修行僧の暮らし方が、必ずしも正しいとは言えず、また、

洋服選びなどの「迷う楽しさ」も、人生には必要だと思います。

だから、「迷わぬ人生」の潔さと、「迷う時間」の楽しさの、両方を分かった上で、迷いたい。

それを考えると、私の場合、24時間の中、「迷う時間」をもう少し減らして、スッキリ、清々しく暮らしたい。

なぜなら、「迷い」は、迷う時間と回数が増えると、徐々に癖となり、決断力が鈍って、より多くの場面で迷うようになってしまうから。

書棚も、クローゼットも、携帯音楽プレイヤーも、そして頭の中も、「米＋しんにょう」状態になっていることに気づく今、本当に必要なもの・そうでないもの、篩《ふるい》にかけて、低迷から抜け出したいと願う次第です。

さて皆さんは今、1日にどのくらい迷っていらっしゃいますか？

【招《まねく》】

元々〈猫派〉なこともあり、〈招き猫〉的な存在が好きで、旅先などで変わったものを見つけると、つい手が伸びてしまいます。

気に入っているのが、後ろ足で立って合掌している、石膏細工の小さな招き猫。仙台の博物館で求めました。

純粋種の招き猫ではありませんが、見つめていると、物質的なものに因《よ》らぬ幸福を、私の許へ招いてくれる気がするのです。

その他、〈招き猫シール〉の類いも、見つけるとすぐ買っちゃいます。

手紙の封緘用に使ったりしているのですが、15年ほど前、突然に失職～転職を余儀なくされ（自坊住職との兼職で勤めていた職場について）、生活が苦しかった時期に、〈招き猫シール〉を貼った封筒に、宝くじ（ロト6）を入れておいたら、50万円が当たったことがありました。

あの時は有難かったにゃ～。

その後、高額当選は訪れておりませんが、でも宝くじは、

「買わなきゃ絶対に当たらない」

ものです。

15年前の当選も、何処からともなく現れたネコが、ある日突然わが家へ、ロト6をくわえて来てくれたのではない。

宝くじ売り場に足を運び～6個の番号を選び～それを用紙に書き入れ～幾ばくかの資金投下をし～そして帰宅後さらに、〈招き猫シール〉を封筒に貼り～入手した宝くじをそこに入れ～（どうか当たりますように！）とお願いし～抽選日を待っていたところ…という、小さいながらも、一つひとつの、「行動と祈願と待機」を積み重ねた末の、招福だった訳です。


「招く」という字は、「手＋刀＋口」から成り立っています。

私釈するなら…

「手」は、自らの身体を使った行動。実践の力。

「刀」は、神を招くための神器で、神仏の神秘的な力を示します。

「口」は、口から発する言葉。言霊《ことだま》の力であります。

すなわち、各人の許へ「招かれるもの」とは、

「身体行動（手）×言語活動（口）＋仏天冥護（刀）の、寄り集まったものなのだよ」

と、その文字の成り立ちは教えている気がいたします。


我々の手は、人を撫でることもでき、同時に、人を打つこともできます。

人に差し出す手もあれば、人から奪う手もあります。

我々の口からは、人をいたわり、勇気づける言葉も出れば、同様に、思いやりのない、気持ちを挫《くじ》く言葉も出ます。

感謝―不満、希望―愚痴、祈り―呪い、誉め言葉―貶し言葉、尊敬―侮蔑、慈愛―憎悪。

日常、どちらの言葉を用いているかは、人それぞれです。


そして、神仏を尊崇し、その神秘的な力を仰ぐ人がいる一方、それらを否定し、軽視する人もいます。

また、刀は、使い方によって、利器にも、凶器にも、なり得ます。

今一度、「招く」という字を、思い浮かべてください。

それは、「手＋刀＋口」でできていました。

吟味いたしましょう。

「私の手は、何のために使われているか？」

「私の口は、どんな言葉を発しているか？」

「神仏の神秘的な力は、私と共にあるか？」

と…。

吉運も災難も、幸福も不幸も、もしかすると、

「自らが招いているもの」

なのかもしれません。

【弾《ひく》】

自宅の、食卓兼簡易事務机の傍、手を伸ばせばすぐ届く場所に、いつもギターが置いてあります。

けれども、師走から節分にかけては、毎年常にバタバタ状態で、ギターを手に取る余裕が、心にも体にもありません。

爪弾けば響く6本の弦ですが、それに触れる者がいなければ、音は鳴らず、ただ黙ってそこに居続けるだけ…であります。

〜去年の暮れのこと。

自坊へ灯油を届けに来てくれた、近所のガソリン・スタンドの職員さんから、

「住職、ちょっと相談があるんですけど…」

と、話しかけられました。

聞けば、

「捨てネコを拾い世話を始めたのだが、病気にかかっており、医者に何度も診せたけれど、

結局3ケ月で亡くなってしまった。
可哀想なので供養をしてやりたい。お経をあげてくれるか？」
とのお話。

いつも給油するスタンドで働く、顔見知りのその若い職員さんは、そう告げるうちに、ポロポロと涙を流し始めるのでした。

私はジーンと心を打たれました。

捨てネコを哀れに思い、家に連れ帰り、飼おうとした優しい気持ち。

飼い始めた後で病気が分かったのに、けっして飼育放棄したりせず、何度も獣医さんに診せ、最後まで面倒を見た責任感。

キチンとお経をあげ供養してやりたいという温情。

そして、短い期間しか一緒にいなかった子ネコを思い出し、涙する純真…。

今の時代の若者が示す、それら尊き心、きれいな生き方に触れ、私は、
（この人の心が安らぐよう、どんな事でもしてあげたい…）
と強く思いました。

それで、日を選び、改めて本堂に来て貰って法要を営み、亡くなった子ネコを、ねんごろに弔った次第でありました。

私たち一人ひとりも、ギターと同じです。

心の奥にはみな、弦が張られています。

その弦は、美しきもの、善きもの、嬉しきもの、等に触れると振動し、響きを発します。

それは「共鳴」とも呼ばれ、そうやって爪弾かれた心の弦は、元の響きと同種の、美しく善き調べを発するのであります。

ご紹介したガソリン・スタンドの職員さんは、私の心の弦を鳴らし、私というギターを弾いてくれました。

ギターは置物ではなく、誰かに弾かれ、音を響かせる過程の中で、個体の持つ特性が引き出され、そのギターだけが持つ〝味わい〟が熟成されます。

人も同様でしょう。

感動し、触発され、共鳴し…という、心の弦が震える体験を、何度も何度もする中で、各自に潜む仏性《ぶっしょう》は姿を現し、自らが妙音を発した時間に比例して、人格は深まってゆくのです。

だからこそ、誰かの心の弦を鳴らすことができる人は尊いのですが、それは決して、特別な知識や能力を持つ者だけの特権ではありません。

たとえば、ガソリン・スタンドの若者が私に見せてくれた、素朴な優しさや温かさは、才能とは関係なく、誰もが示すことのできるものでありましょう。

そして、いつの日か、自らの一生を振り返る瞬間が訪れた時に、

「生涯に何度、誰かに心の弦を弾いてもらったか」

ではなく、

「生涯に何度、誰かの心の弦を鳴らすことができたか」

が、自らの一生を測る、より重要な指針になると考えます。

自らの生業《なりわい》を通じ、自らの言動を通じ、誰かの心の弦を、何度弾くことができるか…？

それを心に置き、日々を生きてまいりましょう。

【響《ひびき》】

平成30年を迎える〈除夜の鐘〉を撞いてもらっている時に、少し不思議な体験をしましたので、そのことを書きます。

除夜の鐘を撞きに集まってくれるのは、寺の地元の方々。整理券を配り、１０８打限定で撞いてもらっています。

年越しの第1打の前には、鐘楼の上から短いご法話を申し上げるのですが、今年は、こんなお話をいたしました。

《除夜の鐘は、「夜を除く鐘」と書きます。夜とは即ち、闇のことですね。

仕事の悩みや病気の悩み、家庭内の困りごとや経済的な問題、それから、人に対する恨みや妬み、怒りなど、誰の人生にも、必ず何かしらの闇が存在することです。

年をまたぐ今、それらの闇が人生から除かれることを念じ、その願いを、仏さま・神さまに伝えるために撞くのが、除夜の鐘です。

ですからどうぞ遊び半分で鐘を撞くのではなく、この鐘楼に上ったなら、正面本堂のご本尊に手を合わせ、

（抱えている闇が除かれ、人生に新しい光が訪れるように…）

と念じてください。

そしてその祈りを、仏さま・神さまの許へ届けるつもりで、静かに鐘を撞いてください。

それから、世界中には、戦争や飢餓、災害や貧困で苦しんでいる人たちが沢山いて、その人たちも今、一緒に年越しをしようとしています。

自分の幸せだけを祈るのではなく、そうした人たちにも、新しい年に幸せが訪れるよう念じていただくことが、皆さんの功徳にもなることです。

鐘を撞く前に、鐘楼の上に置いた募金箱にお気持ちを入れていただき、清らかなお心で鐘を撞いてください。

私も、皆さんの願いが成就するよう念じながら、最後の方が撞き終わるまで、この場所でずっと、般若心経をお唱えさせていただきます。

それでは始めましょう…》

年越しの時報と共に、私がまず番外で第1打を撞き、以下、並んで待っていてくれた108人の方々が、一人ひとり順番に鐘を撞き始めました。で、冒頭記した「不思議な体験」というのは、その際に起きた、私の身体反応のことです。

参加者の皆さんは、お願いした通り、鐘楼に上ると、まず募金箱に小銭を投じ、それから、本堂に向かってしばし瞑目合掌し、鐘を撞いてゆきます。

私はその横で、携帯木魚を叩きながら、ひたすら般若心経を唱えていたわけですが、撞いた鐘の音が、「ゴオオーン、オン、オン、オン…」と、きれいな余韻を残しながら優しく響くと、その鐘の音に合わせて、私の頭が自動的に、深々とお辞儀をするではないですか！

しかもそのお辞儀は、1度や2度ではなく、清き響きにその度ごとに反応して、何度も何度も繰り返されたのです。

一方、中には力まかせに、思いっきり鐘を撞く人もいて、すると鐘は、「ガーーン」と攻撃的な音色になり、そうした音の時には、私の身体はピクリとも動かず、むしろ後方へ、反り気味に身構えるのでありました。

その2種類の身体反応は、〝そうしよう〟と、意識的に行ったものでは決してなく、身体が勝手に、そのよう反応し、動いてしまうのでした。

その現象は、108番目の人が撞き終わるまでずっと続き、私は（何だろう、これは。不思議な感じだなぁ…）と考えながら、心経を唱えておりましたが、更に不思議だったのは、私が下げる頭に応えて、鐘を撞き終わった人みなが、私に対して、自発的に合掌一礼して、鐘楼を降りてくれたことです。

全員が撞き終わるまで、約1時間半。

寒中の読経で、手はかじかんでいましたが、（皆と祈りの時間を共有できたような気がするなぁ…）という思いに心は熱く、清々しい気持ちで鐘楼を降りた次第です。

さて、私の身体に起きた、深いお辞儀と、後ろへ反り返る姿勢との、2種の反応の違い。その理由を自分なりに考えてみると、それは、「ゴオーン…」と「ガーン！」の、鐘の撞き方、響き方の違いによるもの、と感じました。

祈りを乗せて、静かに撞かれた鐘の音と、力まかせに思い切り撞かれた鐘の音の違い。

前者は、音量は小さくても、余韻を含み、八方に広がりました。

後者は、音量は耳が痛くなるほど大きくても、音の進む方向は直線的一方通行で、余韻も存外に残らぬのでした。

人間の身体は、優しい響きには、自ずと緊張がほぐれるのに対し、攻撃的な音には、自動的に身構え、強張《こわば》ってしまうもののようです。

また、私の心の耳は、前者の音色の中に、他者をも思いやる祈りの声を聞き、後者の音色の中に、己の望みのみを何とか叶えようとする、利己的な声を聞いていた気もいたします。

そしてそれらは恐らく、仏さま・神さまの耳においても同様で、私の身体に起きた、自動的な深いお辞儀とは、その人の祈りを、仏さま・神さまが、「確かに受け取りましたよ」と告げる、サインであったのかもしれません。

長くなりました。

そんな風に迎えた新年。今年は「響き」に対し、より気を使う年にしようと思います。

たとえばそれは、発声において…。

相手を思いやる心のこもった、穏やかな声に触れた時と、自分の思いだけを、一方的にガーっと伝える、強い声に触れた時と。

その声を直接受ける人、そして、その声を周囲で聞く人の、心と身体に現れる反応には、果たして、どんな違いが現れることでしょうか。

「響き」という文字は、「音」の上に、故郷の「郷」を載せています。

各人の、魂の故郷に通じる音に触れる時、人の心は自ずと開くのだと思います。

RYUZOUJI
YANAGI BUNKO

凡愚の空耳

「凡にして愚なる僧侶」。

そういう自覚を持つ私ですが、日常の何気ない瞬間、心の耳に〈啓示〉のように降りてくる言葉があります。

それは「単なる空耳」なのかもしれませんが、仏さまや神さまからの直伝と受け止め、文章に残しています。

【思い出の中にはない言葉】

49日、1周忌、3回忌、7回忌…。
法要を営むたび、なき人の面影は、暖かく甦る。
ともに過ごした日々の思い出が、次々に心に浮かぶ。
あの人の口癖。
あの日、私に伝えてくれた気持ち。
あの時、私に言ってくれた言葉。
幾葉もの〈言の葉〉が、心に舞う。

そして、心の中の〝その人〟は、〈今日の私〉に向かって、語りかけてくれる。
その時ふと思う。
これは思い出の反芻《はんすう》ではない、と…。
なぜならそれは、その人が生前に語った言葉ではないから。
それらは、思い出の中にはない、新しい言葉だから。

その声は、何処から来たのだろう？
誰が私に、そう言っているのだろう？
「死んだ人間が話す訳がない」
あなたはそう言うだろうか。
だとすればそれらは、
私が、私に向かって言い聞かせる、単なる独り言なのか？
神や仏が、私を哀れみ、届けてくれた慰めの言葉なのか？
それともそれらはやっぱり…。

〝お別れ〟をしてからの私が、今日までどのように生きて来たのか。
悲しみ、嘆き、寂しさと、どう折り合い、暮らして来たのか。
それを知っているその声の主は、ずっと私に寄り添い、一緒に歩いてくれていたのだ。

【胎内の仏が私を拝む】

「胎内仏《たいないぶつ》」という存在をご存知だろうか？

それは、仏像の胎内に収められている、小さな仏像。

象《かたど》られた一躯の仏像内の小像は、われわれに内在する〈仏性《ぶっしょう》〉を象徴するもの、ともいわれる。

疲れた時、調子が悪い時、自らの胸に手を当てて、

（そこに自分と同じ姿をした、金色《こんじき》に輝く、小さな仏の像がある…）

と、イメージしてみよう。

そして、次がとても大切な事柄。

胸の内に、自身と同じ姿をした、ミニチュアの仏を観ずることができたなら、その仏に向かって、外側から手を合わせる、のではなく、胎内仏が、

「外側の自分に手を合わせてくれている」

姿を思い描こう。

そう、内在する仏が、
外側で頑張っている〝私〟を思い、
実生活の矢面《やおもて》に立ち、一生懸命生きようとする〝私〟を尊《たっと》び、
ひたすらに合掌し、私のことを、拝んでくれるのだ。

〝私〟に手を合わす、胎内仏の姿を、思い描くことができただろうか？

その時、どんな気持ちになり、身体には、どんな変化が現れただろうか…？

胎内仏の、金色の身体から発せられた光は、徐々に輝きを増し、〝私〟の体の隅々までを、内側から照らしてゆく。

滞《とどこお》り、痛み、疲れ、不安、悲しみ…その一つひとつが、光の中で溶けていくのを感じられるだろうか…？

疲れてしまった時、イヤになってしまった時、今日お伝えした事柄を、どうか思い出してほしい。

あなたの笑顔を、あなたの安らぎを、強く、深く、願うものです。

【あなたの顔に書いてあること】

～お檀家に配る腕輪念珠を求めたところ、念珠を入れる袋が添えられてきた。

その袋は、白色の、小さな封筒なのだが、表面に赤色で、「御守護」と印刷されている。

その時、思った。

（表面に「御守護」の朱書きがある封筒と、何も印刷されていない封筒と…。

紙の質や袋の大きさが、全く同じだったとしても、ふたつの封筒の持つ価値は、全然違うものになるのだな…。）

どこにでもある、シンプルな封筒なのだが、そこに〈御守護〉の朱書きがあるだけで、「何となく有難い感じ」になる。

そこに入っている念珠が、（本当に守ってくれそう…）に感じる。

〈御守護〉と書いてある袋に入れて渡すのと、何も書いてない袋に入れて渡すのと…。

入っている念珠は同じなのに、受け取る側の印象は、きっと違ってくるのだ。

～般若心経の絆創膏を見つけた。

傷口を覆う例のテープ。

箱を開けると、『摩訶般若波羅蜜多心経』の文字、仏さまのお顔、座禅を組む手、密教の仏具イラスト…が、一枚一枚の絆創膏表面に、印刷されている。

それを見て思った。

(これを傷口に貼ったら、ご加護がいただけそうだナ。

お薬師さまバージョンや、お不動さまバージョンも、作って欲しいゾ…。)

中身は、どこにでもある、普通の絆創膏。

特別なご祈祷を施したわけでもないのだが、肌色無機質のテープとは、ちょっと違う。

貼った人は、その絆創膏を見る度、「守られている」「癒されている」と、感じるのではないか。

傷口を、経文や仏の顔で覆うのと、なんでもない、肌色テープで覆うのと…。

その薬効に、違いはなけれども、貼った人の心境は微妙に変わり、もしかしたら、傷口が早く塞がるかもしれないのだ。

～そして、翻《ひるがえ》って、「自分」を思う。

「顔に書いてある…」との慣用句があるが、私の顔には、どんなことが書いてあるだろう？

私の表面には、何が印刷されているだろう？

その構成要素、あるいは、私が内面に有するもの、そこではなく、私と対面した人が、
私の外見から、率直に何を感じるのか。

そこから、すぐに、何を読み取るのか。

すなわち、

（私の顔には、「御守護」の朱書きはあるだろうか？

私の見た目には、経文や、仏の顔が、印刷されているだろうか？）

と考えるのだ。

勿論その問いかけは、比喩としての自問。

言い換えれば、

「私と会った人が、安心感や、信頼感を、そこはかとなく抱いてくれるような外見を、
私は今、示すことができているか否か？」

と、我が身を振り返るのだ。

身体の造作は変えようがなくとも、表情、センス、清潔感…、それらは磨くことができる。

職にふさわしいのは何か、追及することはできる。

そして、にじみ出る人柄が、顔に「御守護」の文字を浮かび上がらせることができたなら、同じ言葉を語っても、相手に伝わるものは変わってきて、その人の心の傷口が、早く塞がるかもしれないのだ。

～さて、あなたの今日の顔には、何と書いてあるだろうか…？

経典ＤＪ

ＤＪ＝ディスクジョッキーという職業、今と昔とでは、受け取り方がまったく異なることでしょう。

還暦チョイ過ぎの私の中では、ＤＪといえばラジオのディスクジョッキーのことで、おしゃべりを交えながら、レコード盤を回して、色んな曲を聞かせてくれました。

そんなイメージで、私がいいなぁ！と感じた、経典や書籍の言葉を、おしゃべりを交えながら、ご紹介しています。

【両目を開いて生きよう】

新春開運の縁起物・ダルマさん。

お飾りする時、片方の目に墨を入れますが、それで完了ではありませんよね。

願が成就した時、あるいは、無事に1年が過ごせた時、もう片方の目に墨を入れ、祝い、感謝をいたします。

すなわち、「両目が開《あ》いた状態」が、ダルマ（＝仏法、仏が覚った普遍的真理、を意味するサンスクリット語です）の完成形態、ということでしょうか…？

～何気ない文章なのだけれど、心に深く染み入り、目覚めに導いてくれる1節に、時々であいます。

「マインドフルネス（〝今ここ〟を自覚し続ける心の持ち方）の師」とも称され、平和活動家としても知られるヴェトナム人僧侶＝ティク・ナット・ハンさんのお言葉も、そうしたひとつでした。

（それは翻訳者の優れたお力が、大いに関与していることですが）

ご紹介するのは、40年以上前に出版された、師の原点ともいわれる講話筆録＝〝Being Peace〟冒頭の一節。

その章に付されたタイトルは、「苦しむだけでは充分でない」。

このタイトルだけで、私は小さな〝目覚め〟に導かれたことでした。

以下、引用させていただきます。

《人生は苦しみに満ちています。しかし、人生にはまた、青い空、太陽の光、赤ん坊の目といった、素晴らしいことがいっぱいあります。苦しむだけでは充分ではありません。

苦しむばかりでなく、人生におけるさまざまな素晴らしいことと、つながりをもつべきです。素晴らしいことは、私たちの内にあり、まわりのどこにも、いつでもあります。》

《毎日、四万人の子供たちが、飢餓で死んでいます。超大国が、今や五万発以上の核弾頭をそなえています。

一方では、日の出は美しく、今朝、壁ぎわに咲き開いたバラの花は、奇跡そのものです。

人生は、とても嫌なものであるとともに、素晴らしいものです。》

(『仏の教え　ビーイング・ピース』ティク・ナット・ハン著、棚橋一晃訳。中公文庫より)

章題＝「苦しむだけでは充分ではない」、そして、この1文に触れて、お感じになることが、何かおありでしょうか…？

私自身は、自らの偏向―冒頭のダルマさんで言えば、「片方の目しか開けていない自分」―に、気づかされました。

自分の内面を一般化するのは間違いでしょうが、本当に人は、自分が苦しむことや、傷つくことには長《た》けていて、

(あぁ、人生は、なんて苦に満ちているのだろう…)

(私は、あの人に、こんなにも傷つけられた…)

等の、〈嘆き節〉で日々を送りがちな気がいたします。

そして、その先でひそかに望むことは、

(こんなにも私は苦労したのだから、これだけ私は傷ついたのだから、その代償に、きっといつか〈福音〉が訪れるに違いない…)

といった、棚ぼた式の幸福。

「具《そな》わっている、もう片方の目を開けて、生きなければ！」

そのように思いました。

その目は、〝今そこ〟にある美や恩恵、そして、受け身の自分ではなく、「私が与えられるもの」を、見て取る力を持つまなざしです。

生きる苦しみや、世界にある悲惨、社会に積もる問題…、それらを無いもののように、無視することはいけないと思います。

しかしながら、「それらを見るだけでは、充分ではない」、ということなのですね。

僭越なお尋ねになりますが、皆さんの両の目は今日、開いていらっしゃるでしょうか？

それとも、片方の目しか開いておらず、「生きる苦しみ」だけが、心に映るのでしょうか？

願成就のダルマさんのように、もし両の目が開いたなら、その時それぞれの目は、何と、何を、見ることでしょうか…？

【人のために幸せになる】

私は「日めくり暦《ごよみ》」のコレクター。

旅先でも、インターネットでも、面白そうな〈日めくり〉を見ると、つい手が出てしまうのです。

で、今回ご紹介するのは、最近入手した〈日めくり〉にて出会った言葉。

目新しい概念ではないかもしれませんが、肝に銘じておく価値がある言葉、と思いました。

こういう気持ちを持って暮らしている人と、そうでない人と…。

きっと、「人生の格好良さ」が、随分と違ってくることだろう、とも感じた次第です。

ではその日めくりの言葉です。

《人のために　幸せになろう》

(『人生が好きになる日めくりカレンダー』言葉：井上敬一、書：神光幸子、画：斎藤サトル　真ナビゲーション発行　より)

誰にでも、「大切に思う人」があります。
子ども、親、伴侶、親友…。
その人に、
「幸せであって欲しい」と祈り、
その人に、
「不幸でいて欲しくない」と願う、
そんな相手が。
そうした〈祈り〉、〈願い〉を抱くことは、根本的には、
子や親の「心身の安寧」を、純粋に念ずる心の動き、でありますが、副次的には、それが、
その人の幸福を知る時、自分の心が安らぎ、
不幸せなその人を見る時、私の心が痛む、
という、「自らの幸福度を左右する指針だから」だと考えるのです。

たとえば私には、離れて暮らす老母と、遠隔地で会社員生活を送る息子、がいるのですが、

母親に電話をかけた時、電話に出た母親が、「元気そうな声で私の名前を呼んでくれた日」と、「辛そうな声で体の不調を訴えた日」とでは、私の幸福度に雲泥の開きが生じます。

そして、それは勿論、息子と交わすメールのやり取りにおいても、全く同様であります。そうした事実を踏まえ、立場を入れ替えて想像してみると、老母との通話において私が、「やりがいのある仕事を、元気でバリバリこなしている」と話すのと、「ストレスフルな日々の暮らしを、深刻な口調で伝える」のとでは、母の心の〈幸福メーター〉の針は、全く違う方向に振れることでありましょう。

こうした事柄を見つめる時、私は、

（自分を大切に思ってくれている人を、自分の態度によって不幸にするのは、絶対にイヤだな…）

と、強く思うのです。

だから、〈日めくり〉の言葉のとおりに、

「人のために　幸せになろう！」

と、心に誓うのです。

ここでいう「幸せになること」とは、宝くじが当たるとか、認められ出世するとか等の、他から何かを与えてもらってなる、〈受動的な幸運〉ではありません。

そうではなく、今日の私のまま、今起きている現実のままで、

「私の人生は幸せに満ちている」

と宣言する、〈能動的な幸福〉です。

ですからそれは、誰かが私を幸せにしてくれるのを、手をこまねいて待っているだけでは、終生叶わぬもので、それを得るためには、

・幸せであろうとする努力

・幸せでいようとする決意

が、不可欠だと考えるのです。

・不足ではなく、足るを知る、感謝力

・３６５日、毎日の中に必ず隠れている、小さな幸せに気づく、眼力

・嫌な奴や、頭に来る出来事を忍び、やり過ごす、耐久力
・こんなことに自分は負けないよ、全然平気だよ、と強がる胆力
・神々の冥加《みょうが》、仏・菩薩の加護を信じる、念力

それらを総動員して、

「（あの）人のために　幸せになろう！」

と生きる姿は、きっと格好良く、結句それは、自身の「真の幸福」へと繋がるのではないでしょうか。

不幸な自分や、可哀そうな自分を、他人に見せ、そのことによって、他からの同情・愛情を貰おうとする傾向が、人間にはありますが、今日からそれは禁止です。

なぜならそれは、あなたの大切な人を、不幸にすることだから。

私が幸せでいることが、私の大切な人を幸せにすること。

月に一度、それを思い起こさせてくれる〈日めくり〉は、誠に有難い存在であります。

【心は不動、体は行動】

「不動明王は、その名の通り、座したまま動かずにいるのか？」

と問われたら、皆さんはどのようにお答えになりますか？

私の考えは、

「不動とは、内面の確固たる信念、決意を表したもの。

心は不動だが、その体は様々な場所に行き、邪悪を打ち破るため、常に動いている」

というものです。

そう、今回のタイトルに示した通り、「心は不動、体は行動」で、このことの大切さを改めて肝に銘じ、暮らしてゆきたいと思うのです。

当たり前ですが、「今とは違う場所に行きたい」と願うなら、とにかく動かずには、別の場所へは行けません。

今日と同じ明日は、動かずにいる人の許にもやって来ますが、今日と違う明日は、動いた人の許にのみやって来ます。

だから、「望む結果が得られているか否か」ではなく、「何処かに向かって動いているか否か」を、己の人生の判断基準にしたいと考えるのです。

　実は、少し前から、英語の再勉強をしているのですが、その一環で読んだ本の中、心を励まし、行動を促してくれるセンテンスがありましたので、それを2つ記します。

　いずれも特段の名言ではない、極めて当たり前の1節なのですが、過去幾度もの挫折を経て、改めて英語を学ぼうとする私を、ガシッと支えてくれている文であり、万事に通ずる理念でもあると受け止めています。


〝Quitting never solves anything.〟

意訳→やめてしまえばそこでおしまい。それは絶対に、なんにも打開することはないのだよ。

〝The past does not equal the future.〟

意訳→過去（昨日まで）がそうだったからといって、未来（明日）はそれとは、イコールではないのだよ。

（A.J.Hoge,2014, Effortless English, Effortless English LLC）

センス&能力不足で、文のニュアンスを上手に訳せずお恥ずかしいのですが、この超シンプルな両の英文が、なぜか気持ちにフィットして、事あるごと、口先で何度も呟き、自分に言い聞かし、日を過ごしている私であります。

「人生の景色がいつ変わるか」は、誰にも分かりません。

五里の霧中を手探りで進むうち、ある瞬間に、スーッと雲散霧消が起こるかもしれないし、険しい山道を、あと一歩登った先で、パッと開ける視界が、我々を待っているかもしれないのです。

ただし、〝それ〟が起こるのは、「歩を進めた先のどこか」でありましょう。

各々が目指す頂きに向け、「絶対やめない！」の信念を堅固に、「明日は新た！」の希望を懐中し、とにかく動いて行こうではありませんか。

合言葉は、「心は不動、体は行動」で！

【出発点・帰着点】

「家に帰ってあなたの家族を愛しなさい…」

マザー・テレサのお言葉です。

マザー・テレサは、

《飢えた人、裸の人、家のない人、体の不自由な人、病気の人、必要とされることのないすべての人、愛されていない人、誰からも世話されない人、のために働く》

ことを終生の誓いとされ、インド・カルカッタにある修道院を拠点とし、その実践に生涯を尽くされました。

来日し、その活動について講演をされた折、マザーの話に感動した学生たちが、

「私たちもボランティアとしてカルカッタへ行きたい」

と申し出たところ、マザー・テレサは、学生たちに感謝をした後、次のように諭されたそうです。

「わざわざカルカッタまで来なくても、あなたがたの〝周辺のカルカッタ〟で働く人になってください」

（『マザー・テレサ愛と祈りのことば』ＰＨＰ文庫）

マザーの言う「あなたがたの周辺のカルカッタ」について、上記書籍の訳者である渡辺和子さん（ノートルダム清心学園前理事長、２０１６年暮れ帰天されました）は、同書の中で、次のように捕捉説明されています。

《私たちの周囲にある〝カルカッタ〟、そこには物質的に飢え、病み疲れた人はいなくても、「愛」に飢え、仕事に病み疲れ、人間としての尊厳を失っている〝貧しい人々〟がいる》

この文に触れ思うこと、それは、

（あぁ、自分もまたその１人ではないか…）

という思いです。

恒常的に、ではないけれど、心身ともに疲れ果て、誰かの愛や癒しを必要とする、そんな時が私にはある…。

そう感じるのです。

そして、自分もそうであるように、それは、自分の身近にいる家族においても、全く、同様であろうと考える次第です。

冒頭の、マザーの言葉に戻ります。

「家に帰ってあなたの家族を愛しなさい…」

その言葉は、私が所属する天台宗を開いた、伝教大師が残された、

「一隅を照らしなさい…」

というお言葉と重なります。

〈遠くの誰か〉に対してではなく、〈目の前の家族〉に対し、愛を注ぐ。

それこそが、私たちの人生遍路の、出発点であり、帰着点である。

そう考えるのです。

文庫
RYUZOUJI
YANAGI BUNKO

人間だからできること

人はみな、仏の国からやって来て、やがてまた、仏の国へ帰る…。

そう信じています。

仏の国へ帰るその時、手ぶらで帰るのか、それとも、今回の人生で学んだ何物かを持って帰るのか？

人間に生まれたからこそできること。

それを日々考えながら、生きてゆきたいと思うのです。

【誰かの温泉になろう】

「24時間、浸《っ》かっていなくても、温泉には効果がある」ということをお話しします。

昨日は「テレホン相談」担当日でした。

2か月ぶりに受ける相談電話、

（今日はどんな相談が来ることだろう？キチンと務められるだろうか…）

事務所に向かう新幹線の中から、既に胸がドキドキ言います。

お昼休みを挟んで、10時から16時まで、間断なく電話は鳴り、昨日も、受話器を離す時間はありませんでした。

相談は、すべてが「人生相談」で、お1人あたり30分～1時間、僧侶の視線で、誠実に、真剣に、お話を伺います。

恥ずかしながら1日の相談を終えるとグッタリ。

電話が、「本日の相談は終了しました」のアナウンスに切り替わると、正直ホッといたします。

　ですが、行く度に必ず〝気づき〟はあり、教えらえることも多々ございます。

　昨日も最終の電話を受けながら、こんな〝気づき〟が、心に訪れました。

「あぁ、人は、冷たい風がビュービュー吹いている場所に行って、ポカポカ暖まろうとしてしまうのだな…」

～心が荒《すさ》む…。

～気持ちが落ち込む…。

～辛い、苦しい、イヤになる、頭にくる…。

電話の向こうで、皆さん、そのように訴えられます。

それは、家庭や職場、地域社会における、人間関係の悩み。

肉親や上司に対し…、近隣の人たちに向けて…、

「あの非道い人と一緒にいると、私はどうにかなってしまう！」

皆さん、そう仰せになるのです。

お一人おひとりの気持ちに寄り添い、その人の味方になって、

（ではこれから先、どうしたら良いものだろう…？）

と、〈作戦会議〉に臨むのが、私のテレホン相談のスタンスなのですが、基本、「相談者にストレスを与えている相手の、態度を改めさせること」は、まず不可能、なのです。

ではどうするか？と言えば、こちらの〝受け止め方〟を工夫して、何とか生き抜いてゆく道を探すわけで、で、その過程でふと浮かんで来たのが、先程記した〝気づき〟。

それは別の言い方をすると、

「池の水に浸かりながら、〝身体が温まらない〟と、苦情を言っている」

という状態であります。

私のそばにも、一緒にいると、「心が荒《すさ》み、気鬱になる相手」がいて、いつも、

（あぁ、この人の態度や性格、何とかならないものかなぁ…）

と、思い続けているのですが、全然、何とかならない。

その状況は恐らく、相手が死ぬまで変わることはない、と思われ、だから、私が〝今のまま〟なら、これからもずっと、同じ悩みを抱えて生きていかなければならない、のです。

しかしながら、私は昨日、新たな〝学び〟を得ました。

すなわち、

(私が嫌いなあの人は、私にとって、ビュービュー吹く北風の人であり、冷たい水を湛《たた》えた池の人なのだ。

だからあの人のそばに行くと、身体が縮こまったり、寒々とした気持ちになったりするのは、致し方ないことなのだ。

これからは、〝そのつもり〟で、接しよう。

あの人のそばに行って、ポカポカ暖まろう、と期待するのは、むしろ道理に合わぬことなのだ…)

という、心の構え方です。

そして、結としてお伝えするのが、表題の呼びかけ。

「誰かの温泉になろう」

であります。

述べたとおり、ビュービュー吹く北風の中に身を置けば寒いのは道理、冷たい池の水に体を沈めれば冷えるのは道理、です。

では、ポカポカと温かい気持ち、フッと緊張が解ける安心感に包まれるには、どうすればよいのか…？

今の例示に対比して答えるなら、それは、太陽の照っている場所に体を運び、温泉のお湯に身を委ねることですよね。

一緒にいて楽しい人、自然に笑みがこぼれる人、リラックスして何でも話ができる人…。

そんな、心を温めてくれる、「温泉のような人たち」が、私にもおります。

だから、今後、冷えて委縮してしまった心と体を感じた時は、今まで以上に意識して、太陽の人や、温泉の人のそばに、身体を持っていこうと思います。

そして思うのですね。

「温泉って、24時間、ずっと浸かっていなくても大丈夫だ」と。

成分や効能にもよりますが、数時間入ることで、持病を改善してくれたり、数十分浸かれば、負った傷が癒えたり、ほんの数分入っただけなのに、その後ずっと体がポカポカしている、という温泉が、間違いなくありますよね。

更に言えば、温泉旅行から帰ってきたその後も、自分が入った温泉を思い出して、（あぁ、いいお湯だったなー）と、幸せ気分に浸《ひた》ることも、珍しいことではないですよね。

「温泉の効き目」は、そこから出た後も継続するのです。

「温泉のような人たち」の力も同様です。

24時間、ずっとその人たちと一緒にいなくても大丈夫。

共に過ごした安らぎのひと時は、各人が心に負った傷を癒し、人生を快方に向かわせてくれます。

そしてその効能は、各人の中にその後も残り、生きる力や、困難に向かって行く力を、私たちに与えてくれるのです。

ですから、私たち、自分のそばに来た人が、ポカポカと温まり、抱えていた緊張がフッと解けるような、「温泉の人」になりましょう。

それも、離れた後にも、相手の中に温もりが残るような、できるだけ効能の強い、「温泉の人」を目指しましょう。

行く先々、あちこちに温泉が湧き、湯めぐりが叶う場所…。

そこには、湯上りの、サッパリ、幸せ顔が、今よりもっと、溢れることでしょう。

【心に顔を刻む】

人間は、肉の眼で〝そこにあるもの〟を見ながら、心の眼で〝そこにないもの〟を観ることができます。

たとえば、目の前に今マグカップがあって、私の肉眼はカップの模様を見つめているのですが、心眼には別のもの―そのカップをプレゼントしてくれた人の顔―が映っています。

面白いなぁ、と思います。

法要後の法話の折、ご参列の皆さんに、

「その方（供養を捧げている故人）は今日、どんなお顔をされているでしょう…？」

と尋ねることがあります。

お一人おひとりの返答を確認することは致しませんが、その時、「今そこにはいらっしゃらない方」の姿を、参列者全員の心眼は観るのです。

参列者が観るのは、故人がその人に、1番多く見せた顔、または、心に最も深く刻んでいった顔、だと考えます。

伴侶に見せた顔、子どもに見せた顔、孫に見せた顔、兄弟姉妹に見せた顔、他の親族や、隣近所に見せた顔、上司・先輩に見せた顔、部下・後輩に見せた顔、ペットに見せた顔…。

それらはきっと微妙に異なり、だから法要の席で参列者のそれぞれは、各人各様の、亡き人の顔を、観ているのだと思うのです。

この世を旅立った後、縁者の心の眼に、
優しく微笑む己の顔を、
慈しみ見守る己の姿を、
もしも映し出すことができたなら、それは、「その人の人生を支える杖」になりはしないでしょうか？
すなわちそれは、旅立ってなお後も、大切な人の力に、あなたがなることだと考えます。
もしそれを、あなたが望むのなら、「今日なすべきこと」が決まってまいります。
それはできる限り多くの時間、できるだけ多くの人に、優しいあなたを、微笑むあなたを、示すことです。

どんな顔を、人の心に刻むのか…？

縁者の心の眼に、真っ先に浮かぶその顔が、あなたの一生の縮図です。

【〝We〟の範囲】

「物事を、〝自分〟と〝自分でないもの〟とに分け、自己の利得実現のみを目指し生きてしまうことが、すべての〈対立・紛争・貧困・苦悩〉の根本原因だ」と、覚者は説きます。

確かに、身の回りの小世界から、地球規模の出来事まで、過去に発生し、現に発生している、トラブルを俯瞰する時、その主張は真実であると、感じます。

だとすれば、現にある〈対立・紛争・貧困・苦悩〉を、ひとつでも減らすためには、「物事を、〝自分〟と〝自分でないもの〟とに、分けぬ工夫をすること」が、スタートになる気がいたします。

でもどうやって…？

手立ての1つに、
「自己と他者を区切っている〝境界〟を、頭の中で広げてゆく」
という方法があります。

たとえば、目の前に誰かが居る時。その状況を、〝自分〟と〝自分でないもの〟とに、分けて捉えていたなら、そこに居るのは、Ｉ（わたし）とＹｏｕ（あなた）です。

一方、上に記したように、自己と他者を区切る〝境界〟を広げてゆくと、そこにＷｅ（私たち）が現れます。

仮に、自分と目の前にいる相手との間に、何らかの〝問題〟があったとして、前者の意識において、その〝問題〟は、ＩとＹｏｕを隔てる壁となります。

他方、Ｗｅの意識を持つことができた時、その〝問題〟は、両者が協力し合って解くべき、共有課題に変わります。

同様に、もし相手が何らかの苦悩を抱えていたとして、前者の意識においては、それは「他人事《ひとごと》」です。

ですが、後者の意識において、相手の苦悩は他人事《ひとごと》ではなくなり、力を合わせ打破すべき、「我々の痛み」となるのです。

考えたいことは、

「私にとってのWeって、どこまでの範囲だろう?」

「私はWeを、どこまで広げられるだろう?」

という思い描き。

それは時々刻々、広さを変えるものですが、聖人、覚者、大立者と呼ばれる人にとっての〝We〟はきっと、想像を超えた範囲まで広がっていることで、逆に言えば、〈〝We〟の範囲の際限なき人＝聖人・覚者〉なのかもしれません。

家族という境界を超え、住む地方という境界を越し、〝We〟の範囲を広げてゆきたい。

そのために、深慮、寛容、謙虚、誠実等の徳目を、日々、磨いてゆきたい。

そのように願う今です。

【畳の上で死ぬ】

拝命して5年を迎える教誨師《きょうかいし》の仕事が、人生の中で、少しずつ比重を増しています。

担当刑務所における職務が中心だった初年度に比すと、たとえば、鑑別所で審判を待つ少年との面接を依頼されたり、法務省へ出向いて研修を受けたり、受刑者との定期的な経典購読会が始まったり…。

（なんだかドンドン任務の幅が広がっていくなぁ…）

という感じなのです。

でもそれは、「負担に感じている」とかでは全くなく、むしろ逆で、新たな仕事のお声がかかる度、

「僧侶として遣り甲斐のある、得難い機縁を頂戴している！」

という充実感に、感謝の手が合わさる私であります。

累犯受刑者へ、刑の執行開始時に講話をする際、

「畳の上で安らかに死ねるように、今日から生きてみようよ」

というメッセージを、しばしば伝えます。

それは、何度も過ちを犯し、重ねて刑に服している人ではあるけれど、いや、そういう人であるからこそ、

「せっかく生まれきたこの世。目の前にいるこの人たちに、（あぁ、自分は生まれてきてよかった…）という思いを抱きながら、死んでいってもらいたい！」

と、かなり真剣に願うからなのです。

無論その〈安らかさ〉は、「贖罪《しょくざい》と懺悔《さんげ》」という土台の上にのみ、載せることができるものではありますが、「教誨を受ける」というご縁を得た人たちに、投げやりなまま、「無念・残念・不幸な一生」で、人生を終えて欲しくないと、きれいごとではなく、本心から思い、言葉にして伝えている次第です。

で、その時に、併せて伝えるのが、オセロゲームの比喩。

すなわち…

～「人間としてこの世に生まれ得た」というその1点だけで、人生のスタート地点には既に、白い石が置かれている。

その後、様々な「因と縁と業」が重なり合って、人生に黒い石を置いてしまったかもしれないが、最後、この世から旅立つ時、もし平穏に畳の上で死ぬことができたなら、それは人生の終着地点に白い石を置くことになる。

その瞬間、人生の途上に置かれていた黒い石は、クルリ、クルリと、白い石に転換し、あなたの「いのちのあり方」を変える。

結果、あなたは新生した魂となり、次の人生では、今世の業を基本教材として、より良き世界へ進むことができる。～

反応は〝まちまち〟ですが、もとより、全員が耳を傾けてくれるとは、考えていません。でも、伝えているメッセージは、恐らく彼らの人生において、初めて触れる事柄ではなかろうか、と想像いたします。

何十人かに1人でも（何百人かに1人かもしれませんが）、一期一会の宗教教誨が、彼らの「心の網」に引っ掛かってくれたら…と念ずるばかりです。

最後に話を元に戻し、これから刑に服す各自に問いかけます。

「畳の上で安らかに死ぬために、今、何から始めたらいいだろう…？」

そして、答えのひとつとして、先輩教誨師さんの、次のような言葉を紹介するのです。

「目は外を見るようになっているし、耳は外の音を聞くようになっているけれど、それを内に向けて、自分の心を見て、自分の心の声を聞いてみることから始めましょう。」

（全国教誨師連盟『教誨師』パンフレットより）

～いつも外に向けている目を、内に向け、心の中を注視したら、そこに、何が見えるでしょう？

～いつも外に向けている耳を、内に向け、心の声に耳を澄ませたら、そこから、どんな言葉が聞こえるでしょうか？

その試みは、刑務所の中で暮らす人たちだけでなく、娑婆《しゃば》に生きる我々にとっても、「畳の上で安らかに死ぬため」に、とても大切な提案だと感じます。

【生涯学習】

昨日までできなかったことが、今日できるようになった！
昨日まで知らなかったことを、今日知ることができた！
昨日まで分からなかったことが、今日「そうか！」と分かった。
こうした時、心の底から、喜びが、あふれ出てきます。
そうではありませんか？
それは、私たちが、
「学習するために、この世に生まれてきた」
という証明だと思うのですが、いかがでしょう。

周囲にいる、生き生き・溌剌《はつらつ》としている人…。
その人が、そのように見えるのは、どうしてでしょう？
反対に、どんより・倦怠感ただよう人…。
その人を、そのように感じるのは、何故なのでしょう？

ひとつの答えが、

「その人が、新しい学びを、志してしているか否か」

だと考えます。

学びを続けている者は若く、学びを止めた者は老いる…。

誕生してからの年数とは関係なく、人間は、そのようにできている気がするのです。

《宝の山に入りて、手を空しくして、帰ることなかれ…》

『往生要集』を著した天台僧侶・恵心僧都《えしんそうず》源信《げんしん》は、そう諭されました。

これは、「仏法との出会い」について述べられた言葉ですが、当てはめるなら、「現代の日本に人間として生まれ得たこと」は、「宝の山へ入ることを許された状態」だと思うのです。

宝の山に入る機会を貰いながら、何も手に入れず、手ぶらで帰るなんて、普通では考えられないことです。

けれども、せっかく人の世に生まれながら、宝を得ることなく、仏の国へと戻ってゆく人の、いかに多いことでしょう。

己の学生時代を思い返します。

他の事は考えず、1日中、勉強していれば良かった日々。

勉強さえしていれば、大抵のことは大目に見てくれ、自利のための勉強であるのに、周囲からそれを誉められた時代。

にもかかわらず、当時は勉強を嫌い、勉強を避け、怠け、サボってしまいました。

今にして当時を振り返ると、

（何て勿体ないことをしたのだろう…）

と、悔まれてなりません。

学習し続けること…。

それによって、人生は、「やった！」「できた！」「分かった！」等の、喜びの「！」で満たされてゆきます。

すると、他者が喜びを与えてくれるのを、もう待つ必要はなくなります。

学習し続けること…。

それによって、自分に力がついてゆきます。

己が、深化し、進化し、新化してゆく様を、見届けるのは、とても幸せな体験です。

貯えられた力は必ず、己と周囲の、両方を助けるように働きます。


学習し続けること…。

それは自分に、若さをもたらしてくれます。

何故なら学習とは、新しい息吹きを、自分の中に取り入れることだから。

肉体が重ねた年齢とは別の、瑞々しい感性が保たれ、好奇の眼差しが開かれてゆくから。


生涯にわたり、学習を継続すること。

それは、自分に対する、最良の贈り物と考えます。

【良縁祈願】

教誨師の職務のひとつに、刑務所でなくなった人の葬儀を勤める、という仕事があります。

それは「棺前教誨《かんぜんきょうかい》」とも呼ばれ、単に死者に読経を手向け供養をする、ということではなく、受刑中に今生を終えることになった〝いのち〟に対し、葬儀式を通じて、これから先の「再生指針」を伝えようとするものです。

〈肉体の死をもって〝いのち〟は消滅するのではなく、魂はその後も、自らが生きた人生を礎《いしずえ》に、特定の個性を持って存続する…〉

そう考える私にとって、上に述べた教誨のあり方は、大いに首肯できるものであり、それ故そこに、極めて重要な意味を見出す次第であります。

数日前にお勤めした「棺前教誨」は、入所回数、二桁《ふたけた》に及ぶ、70代人物の葬儀。

医療刑務所に移すほどではなかったが、内臓に持病を持ち、受刑中の刑務所内で、特別な看護処遇を受けていた所、体調急変し死去した、とのこと。

私が委嘱されている矯正施設では、葬儀は刑務所内ではなく、一般的な葬儀式場にて執り行います。

簡素ながらもキチンとした祭壇を飾り、故人俗名を記した位牌を供え、刑務所の幹部職員と、本人を指導していた処遇担当職員が参列し、懇ろに読経供養をお勤めした次第です。

葬儀終了後は、通常の葬儀と同様、火葬場に赴き、荼毘に付します。

故人の家族、縁者が、遺骨の引き取りを承諾した場合には、遺骨を引き渡し、そこで職務は終わるのですが、引き受けを拒否されたり、然るべき縁者がいなかったりした場合には、四十九日忌を迎えるまで、自坊本堂にてお骨を預かります。

今回の葬儀では、故人親族に連絡は取れたものの、親族は、遺骨の引き取りを、明確に拒否しました。

故人の生涯を鑑みれば、その気持ち、推して知るべし、であります。

ですから今、私の寺の本堂には、刑務所内で生涯を閉じた、見ず知らずの人の遺骨が安置されています。

毎日、お水とご飯を供え、朝に夕に香を手向け、遺骨に手を合わせ、俗名に呼びかけて、読経供養を重ねています。

それは先に述べたとおり、単なる「供養」ではなく「教誨」です。

やがて四十九日忌を迎えたら、遺骨は、刑務所内の合祀墓に収められる手筈《てはず》ですから、それまでの毎日は、「棺前教誨」に続く「骨前教誨」の時だ、と考え、日々に臨んでいるのです。


さて、本人に対し、「棺前教誨（＝葬儀式）」の中で、明解な言葉にして伝えたのは、

「汝が、娑婆の苦界において結び暮らした〈悪縁〉を捨てるのは、まさに今である。悪しき縁を離れ、仏の導きに素直に従って懺悔し、次の世には、善き縁《えにし》の許へ、必ず生まれてくるのだよ」

という思いでした。

そして、それと同じ思いを、現在の「骨前教誨」においても、故人に向けて毎日、繰り返し語りかけております。

それは私なりの真剣な〈良縁祈願〉で、〈良縁祈願〉とは、恋愛成就の願いに限定されるものではなく、

（どうかこの人が、これから先、良き縁《えにし》に恵まれるように！）

と、念じ、願う、純粋な祈りです。

なぜ私が、刑務所で死んだ人への供養として、〈良縁祈願〉という形を選ぶのか？

それは、これまでに、更生保護施設の補導職員として勤務し、保護司・教誨師として、罪を犯した様々な人と接触をする中で、

「縁の良／悪こそが、人の一生を左右する」

と、「縁の力の強大さ」を痛切に感じているからです。

この世の出来事はみな、各人の持つ、因（内的要因）×縁（外的境遇）という、因縁和合の結果です。

けれども、個人的な見聞の範囲では、因と縁とは対等な力関係にあるのではなく、縁の持つ影響力の方が、因の持つ潜在力よりも、圧倒的に強く大きい、のです。

罪を犯してしまった者、法に触れる行為をしてしまった人は、生まれつきの、盗人でも、詐欺師でも、粗暴者でも、ありません。

みな、その内面に、純粋・誠実・正直な、可能性と向上心を潜め、この世に生まれてき

たのです。

問題は、「生まれ落ちた場所」という、その〝いのち〟を取り巻く境遇です。

犯罪行為を正当化しようなどとは、露ほども思っていないこと、どうかご理解いただきたいのですが、複雑な家庭環境や極度の貧困、薬物・飲酒・ギャンブル等に依存し、暴力をふるい育児放棄をする親など、成育過程の縁が恵まれぬものであった場合、内在する因を持って、その悪縁に打ち勝つ、ということは、相当に困難なことで、人は誰しもそんなに強くない、と考えるのです。

親鸞聖人も『歎異抄《たんにしょう》』の中で、

「我々が大量殺人のような極悪非道の行為をしないでいるのは、本人の善なる心の力によるのではなく、ただ単に、そういう縁の中にいないからだ。

もしもそういう縁の中にいたなら、内面の心がいくらそれを拒もうとも、そうした非道を犯してしまうものなのだ…」

と述べられておりますが、私たちの多くが塀の中に入らず暮らしていられるのは、自分の心が正しく清らかだから、というよりも、それをしなくても済む縁の中に生まれたからではないか、と思うのです。

実際の人生は、「因」と「縁」の和合に加えて、その人の「業（ごう＝言動・素行）」の蓄積が、網目のようにからまって形作られてゆきます。

ですから本来は、どんな境遇の中にいようとも、善行・精進を重ねることによって、道を拓き、運命を好転させることは可能であり、またそこが、人間に生まれることができた、有難さでありましょう。

しかしながら、既に今、刑務所で一生を終えてしまったような〝いのち〟に対しては、周囲からの「良縁を祈る力」を以て、後生・来世の助力と為そうとするのは、意味のあることではないでしょうか。

本堂に安置してあるご遺骨。

この人の一生は、恐らく幸せなものではなかったろう、と想像します。

それはとても悲しいことです。

だから次の生では、どうか幸せになってもらいたい。

心底そう願うのです。

そしてこの人は、「誰かに自分の幸せを祈ってもらう」という体験を、生涯を通じて、果たしてどれだけ受け止めたことでしょう?

袖すり合うも他生の縁、と申します。

こうして出会った奇なる縁を、仏縁へと昇華させねば、と思います。

(まずは仏の国に生まれ、人生を省みて、仏さまの言葉に、素直に耳を傾けるんだよ。

そうして次の世は、良き縁に恵まれ、愛ある家に、きっと生まれてくるんだよ…)

約50日の間、毎朝、毎夕、手を合わせ、根気よく語りかけるつもりです。

【思いを致す】

（10年前の3月11日のことを…、そして、それからの混迷の日々を…、最近の私は、どれだけの頻度で、思い返しているだろうか？）

と考えています。

もちろん、皆無、ではありません。

被災した学生への奨学金サポーターを、少額ながら継続していますので、少なくても月に1度は、その高校生の現在《いま》を思い、不慮の災害が狂わせた、数多《あまた》の人生を、思い描きます。

けれども、歳月の経過とともに、思いの〈深刻さ・真剣さ〉は、正直なところ、次第に薄れつつあります。

直面している、目先の、そして、自己をとりまく、狭い範囲の、問題ばかりに、心を奪われている自分が、そこにおります。

（もしも自分自身が被災して、縁者や、家や、仕事場を、失っていたなら…？）

それを想像すると、

（不条理な仕打ちへの、怒り・悔しさ・悲しみ・嘆きは、もしかすると、日を追うごとに逆に募り、死ぬまで―或いは死んだ後も―、自分を苦しめ続けるのではないか？）とも考える次第です。

～明治から昭和にかけて活躍された児童文学者で、斯界に大きな足跡を残された小川未明《おがわみめい》さんの作品に、『月とあざらし』という童話があります。

（『小川未明童話集』新潮文庫所収。以下の引用も同書より）

それは、北方の、銀色に凍った海に住む、やさしい心をもった、親あざらしのお話です。

そのあざらしは、ある秋の日、愛《いと》し子《ご》とはぐれてしまい、以来、どこへか、姿の見えなくなってしまった、我が子を探し求め、北風の吹きつける氷山のいただきで、来る日も、来る日も、あたりを見回すのでした。

あざらしの、その時の心象を、童話は、次のように記します。

《寒い風は、頻《しき》りなしに吹いていました。子供を失った、あざらしは、なにを見ても悲しくてなりませんでした。
その時分は、青かった海の色が、いま銀色になっているのを見ても、また、体に降りかかる白雪《しらゆき》を見ても、悲しみが心をそそったのであります。》

そうやって、寒さと悲しみに、じっと耐えるあざらしでしたが、ある夜、月が自分の体を照らして、「さびしいか？」と尋ねてくれたのを思い出します。

あざらしは、空を仰ぎ、「さびしくて、しかたがない！」と、訴えたのですが、それに対し月は、物思い顔に、じっとあざらしを見つめた後、そのまま、黒い雲のうしろに隠れてしまったのでした。

けれども月は、あざらしのことを、放っておこうとしたわけではありません。

以下、少し長くなりますが、童話に描かれる、美しい情景を、再び引用させていただきます。

《月は、けっして、あざらしのことを忘れはしませんでした。
太陽が、にぎやかな街をながめたり、花の咲く野原を楽しそうに見下ろして、旅をするのとちがって、月は、いつでもさびしい町や、暗い海を見ながら旅をつづけたのです。

そして、哀れな人間の生活の有り様や、飢えにないている、哀れな獣物《けもの》などの姿をながめたのであります。子供をなくした、親のあざらしが、夜も眠らずに、氷山の上で、悲しみながら吠えているのを月がながめた時、この世の中のたくさんな悲しみに、慣れてしまって、さまで感じなかった月も、心からかわいそうだと思いました。あまりに、あたりの海は暗く、寒く、あざらしの心を楽しませるなにもなかったからです。》

月はどうにかして、この憐《あわ》れなあざらしを、なぐさめてやりたいと思うのですが、あざらしからの月への頼みごとは、

「ほかのことはききたくありません。ただ、私の子供は、いまどこに、どうしているのか教えてください」

という、願いばかりなのでした。

その願いを聞いた月は、黙ってしまいます。なんと答えていいのか、わからなかったからです。

「いつか、お前を楽しませるものを持ってこよう…」

月は、あざらしに、そう約束をします。

そして、やがて日を置いて、月は、氷山の上に、依然としてうずくまるあざらしの許を訪ね、「約束のものを持ってきた」と伝えるのです。

月が、あざらしのために、探し持ってきたもの…それは、小さな太鼓で、童話は、次のように閉じられます。

《あざらしは、その太鼓が気にいったとみえます。月が、しばらく日をたって後《のち》に、このあたりの海上を照らしたときは、氷が解けはじめて、あざらしの鳴らしている太鼓の音が、波の間からきこえました。》

さて…

あざらしが鳴らす太鼓の音が、皆様には聞こえるでしょうか？

その音は、暗く、冷たい海に、どのように響くことでしょう？

そして、あざらしは、どんな気持ちで、太鼓を鳴らしたことでしょうか…？

遠く離れた物事に、心を向け、思いをめぐらすことを、「思いを致す」といいます。

被災され、今なお苦しんでいらっしゃる方に、何かを直接して差し上げることは難しいかもしれませんが、「思いを致す」ことは、皆にできることではないでしょうか。

童話の中の月が、さびしい町や、暗い海を見ながら(=照らしながら)、旅をつづけた如く、被災され、今なお苦しむ方々に、思いを致し、黙してそこを、見つめつづけようと思うのです。

あとがき

最後までお読みいただき、本当にありがとうございました！

本書の発行にあたり一番の願いとしたのは、「ワンコインで気軽に仏教に触れていただきたい」というコンセプトでした。その実現にあたり、編集担当の上毛新聞社出版部・石倉実奈さん、デザイン担当の大野美文さんは、テキパキかつ親切に、より良きものを作ろうと、お知恵を絞ってくれました。

また、バックナンバー８００号を越し、現在も週刊で発行を続けているメルマガ法話の配信作業を、15年以上にわたり、たゆまず担当してくださっている、石川武志さん・雅美さんご夫妻の後押しがなければ、本書の存在はありませんでした。

各位のお力添えに対し、心より深く感謝申し上げます。

当山におきましては、これからも「龍蔵寺やなぎ文庫」と称し、仏教を身近に感じていただける書籍を発行してまいります。

皆さまとまた、ご縁を結べますよう、祈っています。

なお、カバー裏にメルマガ登録（ＬＩＮＥ）のＱＲコードがございますので、よろしければご登録をお願いします。

青柳大師住職の厄除法話

一分で読めて
一生忘れない
悟りのおはなし

2021年12月12日　第1刷発行

著　者　青柳大師 龍蔵寺
第四十三世　眞木　興空
〒371-0057
群馬県前橋市龍蔵寺町68

発　行　上毛新聞社デジタルビジネス局出版部
〒371-8666
群馬県前橋市古市町1-50-21
TEL 027-254-9966